Frédéric Bordage
Illustrations de Marie Morelle

TENDRE VERS LA SOBRIÉTÉ NUMÉRIQUE

JE PASSE À L'ACTE

ACTES SUD

Vous trouverez plus d'informations sur les notions marquées d'un astérisque dans la rubrique "Pour en savoir plus", p. 58.

Conception graphique : Anne-Laure Exbrayat, studio graphique d'Actes Sud.

ISBN : 978-2-330-10928-8
www.actes-sud.fr

Par une multitude de petites (r)évolutions dans notre quotidien, chacun de nous a le pouvoir de construire le monde de demain. Un monde écologiquement et socialement responsable, équitable, respectueux du Vivant et en symbiose avec lui.

Face à l'urgence de cette profonde transition, nous sommes nombreux à vouloir faire notre part, à notre façon, avec nos aspirations et talents multiples, en nous faisant davantage confiance tout en restant reliés aux autres.
L'envie est là, le sentiment qu'il n'y a plus de temps à perdre aussi. Oui, mais comment faire ?

C'est pour répondre à cette demande d'outils inspirants et pratiques, pour oser passer à l'acte qu'est née cette collection. Elle s'adresse à tous : débutants ou initiés, hésitants ou convaincus. Elle aborde tous les domaines d'action possibles avec un objectif : vivre ce désir de changement, l'étayer et l'aider à aboutir. Tant sur le plan individuel que collectif.

En six étapes progressives, les titres "Je passe à l'acte" vous accompagnent vers une présence au monde plus significative et vous guident tout au long de votre propre (r)évolution.

SOMMAIRE

POURQUOI

Le numérique est une drogue dure. En à peine trente ans, il a envahi le quotidien de milliards de Terriens, qui sont désormais dépendants de cette ressource cruciale mais limitée. Le numérique est un formidable outil pour nous aider à relever les grands défis du XXIe siècle : modéliser le climat, transmettre nos connaissances aux générations futures, communiquer instantanément à l'échelle planétaire lors d'une crise majeure. Mais le numérique a aussi de nombreux effets indésirables sanitaires, sociaux et environnementaux. La réduction de notre empreinte numérique et notre résilience en tant que civilisation impliquent donc de prendre du recul par rapport à cette technologie pour l'utiliser avec sobriété.

Pour ses utilisateurs, le numérique est souvent perçu comme impalpable et immatériel. On imagine bien que "quelque chose" se trouve derrière nos écrans, mais quoi ? Comme on ne perçoit pas cette face cachée du numérique, on a tendance à l'oublier ainsi que les impacts environnementaux et sociaux associés. Une situation renforcée par les Gafam (Google, Amazon, Facebook, Apple, Microsoft) qui jouent volontiers sur les mots en employant un vocabulaire éthéré – par exemple, *cloud* ("nuage" en français) – pour nous persuader que le numérique est indolore pour la planète et les êtres humains. C'est pourtant tout le contraire : le numérique n'a rien de dématérialisé.

Pour bien visualiser l'univers numérique, il faut se le représenter comme le cosmos. Autour de chaque serveur (un gros ordinateur) gravitent des centaines d'équipements terminaux (ceux des utilisateurs) qui y sont connectés *via* des réseaux de télécommunication. Chacun de ces ensembles forme une galaxie numérique qui est reliée aux autres galaxies. L'ensemble constitue l'univers numérique que nous connaissons aujourd'hui. Cet univers est constitué d'environ 36 milliards d'appareils en tout genre : smartphones, ordinateurs, box, antennes relais, objets et animaux connectés, etc. Selon mes calculs, à l'échelle planétaire, tous ces équipements pèsent déjà 225 millions de tonnes, soit la masse de 180 millions de voitures !

Ce qui nous inquiète le plus en tant qu'experts, c'est la vitesse à laquelle cet univers grandit : sa taille sera multipliée par 5 entre 2010 et 2025. Or, comme tout univers physique, le numérique a besoin d'énergie et de matière pour continuer son expansion, ce qui pose aujourd'hui problème sur le plan écologique.

Une raréfaction brutale de la ressource numérique ("*big crunch* numérique") se traduirait par une désorganisation profonde de la société. Franchement, qui a envie de vivre dans un monde à la *Mad Max* ou de communiquer uniquement par pigeons voyageurs ? Petit à petit, ce scénario, encore impensable à l'échelle de notre génération, se met pourtant en place. Au rythme où nous consommons actuellement la ressource numérique, il est même inéluctable à l'horizon des trente prochaines années. D'ici là, il sera impossible de trouver des dizaines de matériaux de substitution, ou d'inventer les processus industriels adéquats. C'est pourquoi nous devons absolument considérer le numérique comme une ressource finie qui s'épuise trop vite. C'est le fondement même de la sobriété numérique.

L'UNIVERS NUMÉRIQUE EN CHIFFRES

On compte 75 millions de serveurs qui représentent autant d'étoiles. Cela fait 1 serveur pour 100 êtres humains. Autour de chaque étoile numérique (serveur) gravitent 475 appareils comme autant de planètes, soit plus de 34 milliards de terminaux utilisateurs au total. Le reste de l'univers numérique est constitué d'environ 1,5 milliard d'équipements en réseau. Notre galaxie numérique, la France, est constituée de 651 millions d'équipements, soit près de 11 par Français. Dans un foyer standard, on dénombre déjà entre 15 et 45 appareils numériques !

Le numérique est une ressource critique, non renouvelable, qui s'épuise inéluctablement. Au rythme actuel, cette ressource sera épuisée dans trente ans*.

Les effets délétères du numérique concernent autant l'environnement que la santé et, plus généralement, la condition humaine à tous les niveaux de sa production et de son utilisation.

Les impacts environnementaux d'un équipement numérique ne sont pas les mêmes selon les étapes de son cycle de vie. Pour en avoir une idée précise, on observe une dizaine d'indicateurs, parmi lesquels on peut citer : la contribution à l'épuisement des ressources abiotiques (ressources naturelles non renouvelables) ; le potentiel de réchauffement global ; la consommation d'énergie primaire et d'eau. En somme, la fabrication de nos appareils concentre plus de 80 % de l'empreinte environnementale du numérique. En France, selon l'indicateur observé, il représente déjà entre 2 % et 8 % de notre empreinte environnementale totale. C'est énorme !

UNE MINUTE D'UTILISATION MONDIALE D'INTERNET

En une seule minute, on comptabilise 70 000 heures de séries et de films regardés sur Netflix, 5 millions de vidéos visionnées sur YouTube, plus de 600 000 photos publiées sur Snapchat, sans compter 4 milliards de recherches sur Google, 500 000 tweets et plus de 100 millions de spams ! En une seule minute !

Au départ de la chaîne de production numérique, les procédés d'extraction des métaux ont des conséquences terribles pour la planète comme pour les populations locales. L'or est aggloméré avec du mercure puis séparé de sa gangue avec du cyanure.

L'extraction des minerais brasse des quantités phénoménales de terre : 20 millions de kilos de terre pour 1 kilo d'antimoine.

Le cuivre nécessite un traitement à base d'acide sulfurique, tandis que l'aluminium requiert l'utilisation d'hydroxyde de sodium dont les résidus engendrent les fameuses boues rouges chargées d'arsenic et de cadmium. En République démocratique du Congo, où se trouvent 50 % des réserves mondiales de coltan, 40 000 enfants extraient ce minerai qui sert à fabriquer nos smartphones. L'extraction est réalisée avec une telle violence que le coltan est devenu le symbole des "minerais des conflits", dont l'exploitation finance les guerres qui ravagent la région.

Après l'extraction, l'assemblage des écrans dans les usines en Chine et au Mexique est réalisé à des cadences infernales, souvent par des personnes seules, jeunes et fragiles, notamment des femmes migrantes.

LE TEMPS D'ÉCRAN DES FRANÇAIS

Chaque Français passe 4 h 30 par jour rivé à un écran, et bien plus s'il est adolescent. Les Français de moins de 30 ans consultent leur smartphone en moyenne 50 fois, et jusqu'à 220 fois par jour, pour un usage quotidien d'environ 4 heures, soit un quart de leur temps éveillé. Ils sont 85 % à l'utiliser en compagnie de proches ou d'amis et 41 % à le regarder au milieu de la nuit.

nom
nom
nom!

Plus personne ne s'en cache, les adolescents sont la variable d'ajustement des assembleurs chinois : leurs dates de "stage" correspondent aux périodes de pics d'activité du secteur, dans des conditions de travail tout aussi inacceptables.

Une fois assemblés, les composants électroniques forment un appareil qu'on alimente en électricité pour qu'il fonctionne. La production de l'électricité constitue alors une deuxième source de problèmes environnementaux, soit 20 % des nuisances du numérique en France. Fortement nucléarisée, la production électrique française entraîne une très grande consommation d'eau douce, notamment l'eau dite "perdue" par évaporation dans les tours de refroidissement des centrales nucléaires. Même si le bilan de l'électricité d'origine nucléaire en matière d'émission de gaz à effet de serre est, en moyenne, 5 à 10 fois inférieur à celui des pays industrialisés, la durée de vie des déchets radioactifs et leur dangerosité n'en font pas pour autant une solution miracle.

En fin de vie, d'autres atteintes à l'environnement et à la condition humaine ont lieu selon la manière dont les appareils sont collectés et recyclés. Or, à l'échelle mondiale, seulement 17 % de nos déchets électroniques sont correctement traités. Ces cinq dernières années, la quantité de ces déchets a augmenté de 21 % pour atteindre plus de 53 millions de tonnes en 2019. Le recyclage illégal de nos déchets se pratique surtout en Afrique et en Asie. La plus grosse concentration mondiale se situe à Agbogbloshie, un quartier d'Accra, la capitale du Ghana. Les déchets proviennent d'Amérique du Nord et d'Europe. Ce "recyclage" consiste le plus souvent à brûler les câbles et les circuits électroniques pour récupérer le métal (plomb, cuivre, or, argent, etc.) à ciel ouvert et à même le sol, en faisant brûler des pneus usagés. Faute d'infrastructures de recyclage dignes de ce nom, on trouve dans la nourriture produite à Agbogbloshie jusqu'à 220 fois plus de polluants organiques persistants (POP ou dioxines*) que les limites imposées en Europe.

Pour saisir pleinement les ressorts de cette production effrénée de produits numériques, nous devons toutefois remonter à la source de nos usages compulsifs, ce qui permettra de comprendre les bienfaits sanitaires de la sobriété numérique. En France, deux problèmes sont particulièrement inquiétants : les addictions de plus en plus prononcées et l'augmentation importante de la charge cognitive des utilisateurs.

En effet, si nous consommons des quantités astronomiques de produits numériques, c'est parce que nous sommes drogués aux octets. En moyenne, les 5 milliards de consommateurs du numérique totalisent 30 milliards d'heures d'utilisation quotidienne et des milliers de milliards de clics. Ces chiffres, qui donnent le vertige, sont d'abord liés à une dépendance physiologique individuelle savamment entretenue par les fournisseurs de contenu et les réseaux sociaux. Ces derniers jouent sur le circuit de la récompense pour nous rendre tous accros. Il est difficile de ne pas se faire avoir car ce mécanisme

5G : LE SYMPTÔME D'UN MONDE NUMÉRIQUE PRESSÉ ET SANS LIMITE ?

À l'heure où nous écrivons ces lignes, la 5G fait débat en France. La société civile ne comprend pas les raisons qui poussent l'État et les acteurs économiques à déployer cette technologie sans attendre le résultat des études d'impacts sanitaires et environnementaux. Des maires, ONG, partis politiques et autres acteurs de la société civile demandent donc un moratoire. Les acteurs économiques, eux, assènent que la France prend un dangereux retard. Mais par rapport à qui et à quoi ? La 4G propose un débit de 150 Mbit/s, nettement plus élevé que l'ADSL, qui couvre déjà tous les besoins d'un foyer. Quel intérêt pour les particuliers de disposer de 10 à 500 fois plus de débit, au prix de la mise au rebut prématurée de dizaines de millions d'appareils parfaitement opérationnels ?

inconscient relève de l'histoire évolutive d'*Homo sapiens*. Au fil des générations, la sélection naturelle a retenu des individus curieux, collaboratifs et particulièrement sensibles aux signaux sociaux. Chaque fois que nous échangeons avec nos congénères ou que nous captons une nouvelle information, notre cerveau nous récompense avec une subtile mais réelle décharge de drogue endogène : endorphine, dopamine, sérotonine ou encore ocytocine, dites "hormones du bonheur", à l'origine de sensations agréables comme le plaisir, la satisfaction ou la confiance. Cela entretient notamment l'addiction aux courriels, aux réseaux sociaux et plus généralement aux écrans.

À ces effets addictifs s'ajoute l'accroissement de la charge cognitive qui est essentiellement due à la multiplication des canaux de communication, à la rapidité des échanges et à la fragmentation des informations. Par exemple, lorsqu'un interlocuteur ne parvient pas à vous joindre au téléphone, il double son message vocal d'un texto et d'un courriel : nous devons alors assembler ces paquets d'informations successives et décousues pour les assimiler. Plutôt que de les traiter une ou deux fois par jour, nous traitons les informations au fur et à mesure de leur arrivée, en parallèle et de façon asynchrone, sous la forme de *to-do lists* interminables. Cela nécessite un effort accru de concentration pouvant causer des troubles de l'attention, car notre cerveau n'est pas conçu pour traiter simultanément des tâches parallèles. Au-delà de la quantité qui dépasse notre capacité de traitement, c'est donc notre façon de gérer ces messages qui menace notre santé mentale. Si ce fonctionnement est adapté aux ordinateurs, c'est une catastrophe pour le cerveau humain, qui gère les situations et prend des décisions de façon holistique et séquentielle.

Sur le plan sanitaire, nous sommes proches de l'overdose : notre environnement personnel et professionnel nous demande plus que notre cerveau n'est capable de traiter. Paradoxalement, les mécanismes addictifs du numérique et le mythe selon lequel il nous “décharge” de tâches subalternes nous poussent à en redemander. Ces mécanismes participent indubitablement à l’épidémie de burn-out qui s’abat sur les pays industrialisés depuis quinze ans. Dans ce contexte, il est urgent de freiner et de se désintoxiquer pour glisser vers une posture de sobriété numérique.

Aujourd’hui, il est temps de choisir entre :
- épuiser le stock restant de numérique en trente ans pour créer de la croissance économique quoi qu’il en coûte ;
- et le conserver pour des usages parcimonieux au service de l’amélioration de la condition humaine.
Il y va de notre santé individuelle, mais aussi de la résilience de nos sociétés.

S'ENTOURER

Maintenant que vous avez pris conscience de l'importance d'adopter une posture de sobriété numérique et que vous maîtrisez les connaissances fondamentales du sujet, c'est le moment de passer à l'action. Mais par où commencer ? Pas de panique ! Nous allons vous donner tous les contacts pour échanger avec les personnes qui, comme vous, construisent un avenir numérique plus sobre et plus respectueux des êtres humains. L'enjeu est aussi de ne pas se tromper de combat. Pour cela, nous allons déconstruire l'instrumentalisation du discours écologiste à des fins commerciales – ou *greenwashing* – qui constitue 90 % des informations qui circulent à propos du numérique.

Trois pistes fondamentales vous permettront de préserver votre santé et celle de la planète :
- fabriquer moins d'équipements ;
- qui durent plus longtemps ;
- et dont l'usage soit réellement utile aux individus et à la société.

Pour les mettre en œuvre, vous allez devoir vous entourer d'outils, de connaissances et de personnes qui vont constituer le socle de vos actions.

Vers qui peut-on se tourner pour ne pas mener cette démarche seul ? Une poignée d'associations, d'ONG et de collectifs diffusent des informations fiables sur le sujet et vous permettront d'échanger dans leurs forums, listes de discussion et lors de rencontres virtuelles et physiques. Vous voulez rejoindre la communauté de la sobriété numérique ? Suivez le guide !

L'avenir numérique alternatif que nous souhaitons construire ensemble est notamment basé sur la mutualisation des ressources. Cette mutualisation est le levier le plus efficace pour fabriquer moins d'équipements, enjeu fondamental de la sobriété numérique. Une des premières étapes de votre démarche consiste donc à vous poser une question essentielle : ai-je vraiment besoin de ce nouvel équipement ? Ne puis-je pas faire autrement ? Par exemple en l'empruntant à un voisin ou à une connaissance. Pour cela, il va falloir apprendre à mutualiser nos besoins pour mieux partager nos équipements.

Partage entre voisins
SERVEZ-VOUS!

On peut tenter de faire le tour de ses voisins ou des habitants de son immeuble pour savoir s'ils sont eux aussi intéressés par l'acquisition d'un vidéoprojecteur, d'une console de jeux, etc. En plus de vous faire de nouveaux amis et de créer une dynamique sociale, cela vous coûtera bien moins cher ! Et la planète y gagnera tout autant.

Sur des sites de mise en relation, tels allovoisins.com ou ensembl.fr, vous trouverez rapidement des personnes avec qui partager et mutualiser vos besoins. À l'échelle de votre immeuble ou de votre pâté de maisons, vous pouvez aussi privilégier une approche low-tech en collant une affichette sur le panneau prévu à cet effet ou en distribuant votre proposition dans les boîtes aux lettres alentour. Évidemment, tous les sites de location vous aideront à ne pas acheter un objet que vous n'utiliseriez qu'une seule fois. Mais créer une dynamique locale est tout aussi intéressant.

À l'échelle des organisations collectives, GreenIT.fr est l'acteur historique. Créé en 2004, ce collectif d'experts a fait émerger, défini et structuré les démarches de *sobriété numérique* et de *numérique responsable*. Apolitique, mais engagé et citoyen, cet acteur accompagne la société dans sa prise de conscience des impacts du numérique et du fait que c'est une ressource critique, non renouvelable, et qui s'épuise inéluctablement. Cela passe par des méthodes et des outils qui permettent de quantifier l'empreinte environnementale du numérique et de la réduire. Ces outils font aujourd'hui référence et sont utilisés par la majorité des organisations et des individus qui s'intéressent au sujet. Vous pourrez prolonger votre découverte du sujet – plus de 5 000 articles en stock – en discutant avec la communauté *via* des listes de discussion qui permettent d'échanger avec d'autres personnes, plus ou moins expertes, mais qui partagent toutes vos envies, vos doutes et un tas de trucs et astuces pour passer à l'action. L'occasion de créer des groupements locaux de *"greeniters"* pour avancer ensemble à l'échelle locale.

Parmi les autres acteurs, Halte à l'obsolescence programmée (HOP) réunit des citoyens et des experts qui décortiquent les mécanismes de l'obsolescence programmée pour les éradiquer. L'association propose un ensemble d'outils pratiques tels que le site produitsdurables.fr qui permet de trouver et signaler les produits qui durent. L'objectif ? Déprogrammer l'obsolescence ! En rejoignant ses forums et listes de discussion, vous trouverez des solutions pour faire durer vos produits, mais aussi les réparer et leur donner une seconde vie.

Selon la plateforme RepairCafe.org, il y a 2 125 Repair Cafés dans le monde, dont environ 1 850 en Europe et 300 en France.

En France, les Amis de la Terre est l'ONG d'envergure internationale la plus active sur le sujet de la sobriété numérique. Pour soutenir des campagnes telles que "Garantie à 10", l'association publie des études, souvent assez fouillées et étayées, sur la durée de vie des produits ou bien encore les conditions de fabrication. C'est donc une source intéressante d'informations de fond.

Parmi les autres ressources à votre disposition pour vous *entourer de connaissances* et constituer votre boîte à outils, le livre *Sobriété* *numérique. Les clés pour agir** propose un lexique des principaux termes liés à ce sujet. De "minerai des conflits" à "ressources abiotiques" en passant par "analyse du cycle de vie" ou bien encore "réemploi" et "écoconception", on y découvre tous les concepts fondamentaux organisés par ordre alphabétique. Moins opérationnel que ce "Je passe à l'acte", qui en est le prolongement, il vous permettra d'échanger avec d'autres personnes en partageant la même sémantique.

Nous avons besoin de vous pour créer des oasis de sobriété numérique un peu partout en France.

À cette étape, il reste un point clé pour bien s'entourer et ne pas se tromper de combat. Les *greenwashers* focalisent votre attention sur des gestes anodins mais qui vous semblent faciles à maîtriser et mettre en œuvre : supprimer vos courriels, changer de moteur de recherche pour un plus "écolo", mettre en favoris les adresses des sites internet souvent visités, etc. Si ces gestes ne font pas de mal, leur impact est absolument négligeable par rapport au fait d'allonger la durée de vie de nos équipements et de réduire notre taux d'équipement. Il est donc bien plus utile et efficace de réparer un appareil et de lutter contre l'obsolescence programmée que de sponsoriser de pseudo-moteurs de recherche dits "écolo" (on en parle en détail au chapitre "Se lancer").

Si les médias, le web et les réseaux sociaux se concentrent beaucoup sur les usages, c'est la conséquence directe de la désinformation : tout le monde s'improvise expert sur le sujet et relaie des informations infondées mais qui semblent plausibles car compréhensibles par le commun des mortels. L'industrie numérique et plus largement les acteurs économiques n'ont aucun intérêt à lutter contre ce biais de confirmation (considérablement amplifié par les réseaux sociaux) car il évite de se questionner et remettre en cause l'économie du produit, la surconsommation, l'obsolescence programmée, etc. Pour continuer à suréquiper la Terre entière en toute tranquillité avec des appareils numériques à courte durée de vie, il est en effet préférable de détourner l'attention et de la focaliser sur les usages des particuliers.

Attention à ne pas amplifier le *greenwashing* sur le sujet. Avant de relayer une bonne pratique, vérifiez qu'elle est pertinente auprès de collectifs ou d'associations d'experts.

Pendant qu'on parle des courriels, on n'aborde pas les sujets de fond : massification du réemploi *via* une consigne obligatoire des équipements neufs, augmentation de la durée de garantie légale, droit à la réparation, système de bonus/malus en fonction de la taille des écrans, écoconception obligatoire des services numériques en commençant par les services en ligne de l'État et des multinationales, etc.

Comme nous le verrons en détail dans les trois chapitres suivants, c'est pourtant nous, les consommateurs, qui pouvons le plus contribuer à réduire notre taux d'équipement et à faire durer nos appareils.

Au-delà des gestes que vous allez adopter à l'échelle individuelle, nous avons besoin de vous pour grossir les rangs de la rébellion et nous aider à convaincre les pouvoirs publics de mettre en œuvre ces mesures. Mais il est tout aussi crucial que vous portiez un regard et donc un discours éclairés sur le sujet. D'où l'importance de vous entourer de connaissances fiables et d'acteurs à la fois sincères et experts.

L'ÉLECTRICITÉ "VERTE" : *GREENWASHING* OU PAS ?

L'électricité "verte" ne veut rien dire. Souvent, elle est assimilée à l'électricité issue d'une énergie primaire renouvelable. On confond renouvelable et meilleure pour la planète et les êtres humains. C'est une confusion fréquente mais qu'il faut absolument éclaircir : le caractère renouvelable de l'électricité n'est pas forcément synonyme de bon pour la planète. Par exemple, le charbon de bois est une source d'énergie renouvelable qui émet bien plus de gaz à effet de serre que le gaz naturel qui n'est pas renouvelable (hors méthanisation). Et l'électricité photovoltaïque contribue tout autant à l'épuisement des ressources abiotiques que le charbon. Finalement, l'hydroélectrique courant (barrage sur un cours d'eau) et les négawatts (économies d'énergie) sont les deux approches les plus performantes.

S'ÉQUIPER

Conserver plus longtemps vos appareils, favoriser leur réemploi et réduire votre taux d'équipement sont désormais des évidences pour vous. Mais comment s'y prendre, concrètement ? Où acquérir un smartphone reconditionné ? Est-il préférable de le louer ? Et comment ne pas se faire avoir ? Quels sont les critères incontournables pour sélectionner un appareil ? Et les autres bonnes pratiques clés à mettre en œuvre au quotidien une fois le matériel acquis ? Existe-t-il des éco-labels comme pour l'agriculture biologique ? Il est temps de s'équiper en connaissance de cause !

Rappelons-le tout de suite : l'appareil le moins polluant est celui qu'on ne fabrique pas. Dans notre quête de sobriété numérique, la clé est donc de se défaire du superflu, de mutualiser ses équipements pour éviter de se suréquiper, et de les conserver le plus longtemps possible.

Difficile en revanche de partager un ordinateur ou un smartphone dont on se sert quotidiennement. Cap donc sur le réemploi. Mais avant d'aborder ce sujet, passons en revue les caractéristiques d'un équipement plus durable, car cela s'applique autant aux appareils reconditionnés que neufs.

Qu'il s'agisse d'un ordinateur, d'un smartphone ou d'une tablette, la qualité de sa fabrication et sa modularité sont deux clés fondamentales. Il serait en effet coûteux de réparer en permanence une voiture qui tombe en panne trop souvent et idiot de se séparer d'une voiture parce qu'un pneu ou la batterie serait à plat. C'est pareil pour le numérique : un équipement est durable à partir du moment où il est de bonne qualité ("fait pour durer") et que vous pouvez changer vous-même certains composants critiques tels que la batterie, le support de stockage, la mémoire vive et l'écran.

Avant de vous équiper, posez-vous la question :
ai-je vraiment besoin
de cette nouvelle montre connectée
qu'on me présente comme indispensable à la télé ?
Et rappelez-vous que la clé de la sobriété numérique,
c'est "moins d'équipements qui durent plus longtemps".

LES BONNES PRATIQUES À ADOPTER ABSOLUMENT

- S'interroger sur l'utilité réelle de l'appareil qu'on souhaite acquérir.
- Conserver le plus longtemps possible ses équipements.
- Donner une seconde vie, *via* le reconditionnement, aux appareils dont on se défait.
- Réemployer des équipements reconditionnés plutôt que neufs.

En dehors des smartphones et des tablettes, il y a deux gammes d'équipements numériques : celle destinée aux particuliers et celle destinée aux entreprises. Pour sélectionner un matériel de qualité, privilégiez les appareils destinés aux entreprises. À performance identique, ces équipements sont un peu plus chers à l'achat, mais ils durent nettement plus longtemps et sont bien plus faciles à réparer. Ils vous coûteront donc moins cher finalement.

En visant cette catégorie de produits, vous trouverez des ordinateurs et des smartphones dont on peut changer facilement la batterie et étendre les capacités de stockage. La palme revient au Fairphone dont vous pouvez changer la batterie et d'autres composants critiques en quelques secondes, sans tournevis !

Enfin, les écolabels distinguent les matériels moins polluants sur le plan environnemental. Si vous en avez la possibilité, en plus des critères ci-dessus, privilégiez un équipement écolabellisé. Dans notre cas, les écolabels les plus utiles sont TCO et EPEAT Gold (voir encadré p. 30).

Il faut ensuite être attentif aux logiciels livrés avec l'appareil. D'une part, on doit être en mesure d'y installer le système d'exploitation de son choix – Windows, Linux, MacOS, Android, etc. – pour

LES PRINCIPAUX LABELS

– **TCO**, tcocertified.com. Créé il y a vingt-cinq ans en Suède, TCO est le label de référence pour les équipements numériques. Il couvre les smartphones, tablettes, ordinateurs, écrans, vidéoprojecteurs, et casques-micro. TCO Certified analyse le cycle de vie complet et prend en compte, en plus des critères environnementaux, des critères sociaux tels que les minerais des conflits.
– **EPEAT**, epeat.net. D'obédience américaine, EPEAT est plus récent mais couvre plus de matériel : il ajoute les télévisions, les imprimantes et les serveurs à la gamme de produits déjà couverts par TCO. Moins exigeant, notamment sur la dimension sociale, EPEAT est l'écolabel le plus utilisé en entreprise.
– **Blue Angel**, blauer-engel.de/en/products/paper-printing. Créé en Allemagne dans les années 1970, Blue Angel est le plus vieil écolabel européen. Bien qu'il couvre les ordinateurs, il fait surtout référence pour les imprimantes et le papier bureautique.
– **FSC**, fr.fsc.org. Créé en 1994 au Mexique, le Forest Stewardship Council (FSC) certifiait à l'origine la gestion durable d'une forêt. En plus de cette mission historique, il permet aussi d'acheter du papier recyclé, pâte vierge, et mixte.

garantir l'ouverture du matériel. Pour cela, il faut notamment que les pilotes de périphériques *(drivers)* soient disponibles pour le système d'exploitation cible. *A minima*, vous devez pouvoir réinstaller facilement le système d'exploitation et les logiciels livrés d'origine. Il faut d'autre part s'assurer que le support technique du système d'exploitation durera encore longtemps. Malheureusement, alors que Microsoft avait supporté Windows XP plus de 10 ans, l'ensemble des éditeurs, dont Microsoft, Apple, Google et même les distributions Linux les plus utilisées, ne proposent plus qu'une durée de l'ordre de 5 ans pour les ordinateurs et parfois à peine 2 ans pour les smartphones, sauf Apple et Fairphone qui font exception avec un support pouvant dépasser 5 ans.

Maintenant que les caractéristiques techniques essentielles n'ont plus de secret pour vous, il ne vous reste plus qu'à vous équiper d'un nouvel appareil. Un premier choix s'offre à vous : acquérir un équipement usagé directement auprès d'un particulier sur un site de petites annonces. Cette solution est à réserver aux connaisseurs. Elle nécessite de posséder des compétences techniques pour vérifier le bon état du matériel et pour réinstaller les logiciels. Une piste réservée aux geeks donc.

Dans la majorité des cas, mieux vaut opter pour un équipement reconditionné. Il s'agit d'un équipement d'occasion qui a été vérifié, nettoyé, remis en état et réinstallé par un professionnel. Malgré un prix d'achat supérieur à l'occasion, cela apporte deux avantages. D'une part, vous pouvez vous servir de l'appareil dès

AVANT TOUTE ACQUISITION, PASSEZ AU "CONTRÔLE TECHNIQUE"

– **Batterie**. Elle doit être amovible et vous devez pouvoir la changer vous-même sans outil particulier ou seulement avec un tournevis standard (cruciforme ou plat) .
– **Stockage**. Vous devez pouvoir le changer vous-même ou, à défaut, l'appareil doit proposer un port pour étendre la capacité *via* une carte mémoire. Souvent moins rapide que le support de stockage interne, cette option vous permet d'archiver tous vos fichiers et de les déplacer facilement d'un appareil à l'autre.
– **Mémoire vive**. Les ordinateurs professionnels (portable et de bureau) proposent généralement deux emplacements pour accueillir les barrettes de mémoire vive (RAM). Vérifiez que c'est bien le cas et que la mémoire vive n'est pas soudée à la carte mère. Vous devez aussi pouvoir démonter facilement l'appareil pour changer la mémoire.
– **Écran**. Sur un smartphone en particulier, il n'est pas rare de devoir changer l'écran après une chute. Vérifiez sur le site de fr.iFixIt.com que c'est possible.

sa réception car tous les logiciels indispensables ont été réinstallés. D'autre part, un équipement revendu par un professionnel est forcément assorti d'une garantie légale de conformité de 6 mois minimum (voir encadré ci-dessous).

Malheureusement, les reconditionneurs ne sont pas tous aussi sérieux les uns que les autres et, malgré de nombreuses propositions depuis dix ans, il n'existe toujours pas de label ou de système permettant d'évaluer le sérieux de ces acteurs. À terme, nous espérons que les pouvoirs publics nous entendront et qu'ils définiront un cahier des charges strict à respecter pour garantir un niveau de qualité minimal et une échelle de qualité *(grade)* commune à la profession. En attendant, il faudra mener votre enquête pour identifier un professionnel sérieux. La plupart proposent des extensions de garantie en option. Elles peuvent aller jusqu'à 3 ans après la date d'achat.

LA GARANTIE LÉGALE DE CONFORMITÉ DES PRODUITS RECONDITIONNÉS

Lors de l'achat d'un appareil d'occasion ou reconditionné auprès d'un professionnel, vous bénéficiez d'une garantie légale de conformité de 6 mois. Cette garantie couvre les pannes, dysfonctionnements mais aussi le caractère limité des performances. Le caractère limité des performances s'évalue au regard de ce qui vous a été annoncé par le vendeur en perspective ou à l'occasion de la vente par le biais de la publicité ou d'une annonce de mise en vente par exemple. Il peut donc être utile de garder des traces de ces éléments afin de faire jouer la garantie légale de conformité. Dans le cadre de la garantie légale de conformité, vous pouvez bénéficier de la réparation ou du remplacement du produit non conforme. Si le bien ne peut être ni réparé ni remplacé, le vendeur doit alors procéder à son remboursement.

Une fois votre appareil acheté, la meilleure façon de le faire durer, c'est d'en prendre soin. Commencez par le protéger des chutes accidentelles en ajoutant une coque avec rabat aux smartphones et enveloppez votre ordinateur portable dans une housse molletonnée prévue à cet effet. Il faudra aussi veiller à dépoussiérer régulièrement le clavier et le système de refroidissement avec un aérosol dépoussiérant ("bombe à air"). En effet, les composants électroniques ont horreur de la chaleur. Raison de plus pour vous assurer que l'appareil est bien ventilé : vérifiez par exemple que votre ordinateur est bien éteint avant de le ranger dans votre sac.

Selon l'Ademe, la durée de vie moyenne d'un smartphone en France est de 2 ans, avec une disparité entre Paris (18 mois) et le reste de la France (plus de 2 ans)[1].

Lorsque votre smartphone, votre ordinateur ou votre télévision tombe en panne, ayez le réflexe de la réparation. Un devis ne coûte rien et vous serez parfois surpris du prix raisonnable d'une réparation, *a fortiori* si vous avez acquis un appareil facile à réparer.

L'INDICE DE RÉPARABILITÉ

Cet indice propose une note sur 10 permettant d'identifier instantanément la facilité de réparation d'un équipement. En vigueur depuis le 1er janvier 2021, il couvre dans un premier temps les ordinateurs portables, les smartphones et les télévisions. Un score élevé (supérieur à 8) est le gage intéressant d'une longue durée de vie potentielle. Mais prenez soin de bien vérifier la durée de mise à disposition des mises à jour logicielles.

1. Source : www.ademe.fr/impacts-smartphone.

On peut en général se tourner vers deux types de professionnels : un réparateur et le reconditionneur qui vous a vendu l'équipement d'occasion. Ils ont tous les deux les compétences pour établir un diagnostic, chiffrer le coût de la réparation et la réaliser.

En fin d'utilisation, vous vous retrouverez généralement face à deux situations : l'appareil dont vous vous séparez fonctionne encore... ou pas. Dans le premier cas, si sa valeur résiduelle d'usage est encore importante, mieux vaut le confier à un reconditionneur qui le remettra en état avant de le revendre. Cela vous rapportera de

l'argent tout en donnant une deuxième ou une troisième vie à votre appareil. Vous pouvez aussi vous tourner vers le Réseau national des ressourceries, la fédération RCube, etc.

Si l'appareil ne fonctionne plus, il faut le rapporter à un point de collecte, répertorié par exemple sur collectons.org.

Enfin, si vous faites l'acquisition d'un équipement neuf, le vendeur a l'obligation légale de récupérer gratuitement votre ancien équipement à l'endroit où vous achetez le nouveau, c'est la règle du "1 pour 1". En tant que consommateur, vous financez ce dispositif de collecte *via* l'écoparticipation associée à l'équipement neuf. Vous pouvez aussi apporter autant d'anciens téléphones mobiles/smartphones que vous le souhaitez dans la boutique d'un opérateur. Même si vous n'êtes pas client et que vous n'achetez rien, il doit les collecter gratuitement. À défaut, toutes les déchetteries récupèrent les équipements non fonctionnels. La règle à retenir, c'est : aucun déchet électronique à la poubelle !

En France, environ 2 millions de smartphones sont reconditionnés chaque année, soit environ 10 % des ventes annuelles dans l'Hexagone[2].

2. Source : www.dynamique-mag.com/article/marche-reconditionne-business-plein-essor.10888.

SE LANCER

Le matériel n'a désormais plus de secret pour vous. Mais vous devez encore progresser pour passer du statut de *padawan* à celui de *jedi*. Prochaine étape : réduire votre empreinte quotidienne pour éviter des impacts sur le long terme. Il s'agit notamment de modifier certaines de vos habitudes qui sont devenues de véritables réflexes inconscients. Prêt(e) à analyser vos usages quotidiens ? C'est parti !

En France, 80 % de notre empreinte numérique est liée à la fabrication de nos équipements. Ce que nous faisons au quotidien avec notre smartphone ou notre ordinateur ne compte donc que pour 20 % de nos impacts. Mais comme ce sont les petits ruisseaux qui font les grandes rivières, nous allons tout de même nous y intéresser. L'objectif est double : réduire notre empreinte quotidienne et, surtout, contribuer le moins possible à créer de nouveaux impacts structurels évitables.

Les impacts structurels sont liés à la saturation de l'infrastructure numérique en place. Par exemple, de moins en moins de foyers font l'effort de recevoir leurs programmes télé *via* la TNT. La TNT HD fonctionne pourtant bien et a été créée spécifiquement pour éviter de saturer le réseau ADSL avec des flux vidéo. Mais ce mode de diffusion ne propose pas la fonctionnalité de rattrapage (*time shifting*) et la mise en pause du programme regardé. En enfants gâtés de la

LES BONNES PRATIQUES À ADOPTER ABSOLUMENT

– Prenez soin de vos appareils : coque, sac, entretien, etc.
– Éteignez les box (modem et décodeur TV) dès que vous ne les utilisez plus).
– Limitez l'usage du *cloud* au strict nécessaire, surtout en 4G.
– Privilégiez une connexion filaire, à défaut wifi, à défaut 4G.
– Préférez la TNT à l'ADSL pour regarder la télé.

télé, nous préférons donc augmenter notre empreinte numérique et faire "exploser" le réseau ADSL pour pouvoir arriver quelques minutes en retard devant l'écran. Résultat ? On câble la France entière en fibre optique (FTTH) et on déploie la 5G !

Prolongement de cette aberration : avec des forfaits mobiles atteignant 100 Go à moins de 50 euros par mois, de moins en moins de personnes font l'effort de se connecter en wifi lorsque c'est possible. Elles accroissent ainsi considérablement la demande en bande passante pour les données mobiles, ce qui justifie en partie le déploiement de la 5G. Pourtant, il est possible de se connecter quasiment partout en wifi et les smartphones peuvent même le faire automatiquement après qu'on a saisi l'identifiant et le mot de passe une première fois. Vous l'aurez compris, la sobriété numérique nécessite parfois de faire un tout petit effort pour engendrer de grosses économies.

La réduction de la “charge mentale numérique” quotidienne passe aussi par un usage modéré en temps et en nombre de services.

À chaque saut technologique, les impacts environnementaux explosent. Pour la 5G par exemple, non seulement les impacts environnementaux du réseau pourraient être multipliés par trois, mais cela va aussi précipiter l’obsolescence de milliards de smartphones 4G parfaitement opérationnels. Il est donc indispensable d’être plus raisonnable au quotidien pour parvenir à faire plus avec l’existant. Et ce, afin de repousser au maximum le déploiement de nouvelles technologies.

L’habitude la plus importante à prendre est de se “poser”, de ralentir, et de questionner nos “réflexes numériques”. Cela vous fait peut-être sourire, mais c’est vraiment une clé fondamentale. Pour faire une liste de courses, un papier et un crayon suffisent, pas besoin de dégainer une application mobile spéciale ! Pour écouter la radio, on peut aussi utiliser... la radio (!) plutôt que son smartphone connecté en 4G... De la même façon, il est crucial que vous vous questionniez avant tout nouvel achat numérique : cette montre connectée est-elle vraiment indispensable ?

Désapprendre nos réflexes numériques peut prendre un peu de temps au début. Mais cela vaut le coup. En plus de faire des économies, ces alternatives vous apporteront une tranquillité d’esprit : les solutions low-tech fonctionnent partout, tout le temps, sans nécessiter de se souvenir d’une ribambelle de mots de passe, et avec un impact environnemental bien plus faible. Moins de charge cognitive et moins d’impacts : je prends !

Deux réflexes vous aideront à réduire significativement votre empreinte quotidienne : ralentir et éteindre.

Éteignez dès que possible vos box (modem et boîtier télé). Elles consomment nettement plus d'électricité quand vous ne les utilisez pas que lorsqu'elles sont réellement utiles. Pour les éteindre, rien de plus simple : il suffit de les brancher sur une multiprise à interrupteur. Le dernier à aller se coucher et/ou à quitter le domicile appuie sur le bouton. Et le premier qui a besoin de la connexion rallume l'ensemble. Au passage, profitez-en pour brancher tous vos appareils électroniques – chaîne hifi, télé, etc. – sur cette multiprise. Et n'hésitez pas à investir dans une multiprise avec protection contre les surtensions, cela contribuera à allonger la durée de vie de vos équipements en les protégeant des sauts de tension.

Si vous avez une télévision, conservez-la le plus longtemps possible et privilégiez dès que possible la TNT plutôt qu'une connexion depuis votre box. Les données consommées par votre box et sa consommation électrique pour regarder une émission en direct constituent 100 % d'impacts évitables. Il faut donc apprendre à jongler entre la TNT pour le direct et la box pour la vidéo à la demande (VOD). Évidemment, mieux vaut emprunter un DVD à un voisin, à un collègue ou à la médiathèque du quartier que de regarder le même film en VOD. L'occasion aussi de se désintoxiquer des 4 h 30 quotidiennes de petit écran pour privilégier d'autres activités avec votre famille et vos amis.

Vidéos, jeux vidéo, programmes d'installation et photos sont, de loin, les fichiers les plus volumineux.

Dans le même esprit, si vous avez des ados à la maison, peut-être est-il judicieux d'investir dans un service d'écoute musicale en streaming (Deezer, Spotify, etc.). En effet, de plus en plus d'ados "écoutent" YouTube. Ils ne sont pas forcément intéressés par l'image. C'est surtout la gratuité qui les attire. Dans ce contexte, c'est quand même plus judicieux de télécharger uniquement le morceau de musique plutôt que toute la vidéo. Et c'est ce genre de réflexe qui permet de se passer d'une connexion à très haut débit.

Dernier usage à limiter autant que possible : le *cloud*. C'est certainement le changement qui vous demandera le plus d'effort, tant les réflexes sont déjà ancrés en chacun d'entre nous. L'idée n'est pas de s'interdire totalement l'usage de ces services en ligne, mais plutôt de les utiliser avec parcimonie et uniquement lorsqu'ils sont vraiment indispensables. Par exemple, on peut très bien lire le plan dans le métro ou préparer un déplacement en voiture avec une simple carte en papier (si, si, ça existe encore !), sans s'interdire de dégainer OpenStreetMap ou Google Maps sur son smartphone en cas de doute lors du trajet. Autre exemple : plutôt que de mettre en ligne vos 200 photos du week-end en 4G depuis le TGV, profitez des 3 heures de trajet pour sélectionner les 15 plus belles que vous publierez depuis la connexion ADSL/fibre de votre domicile. C'est nettement mieux pour la nature, et vos amis vous remercieront de ne pas avoir à faire le tri. Et si la photo vous passionne, pourquoi ne pas redécouvrir le plaisir de la photographie argentique ?

Si vous tenez absolument à réduire la quantité de données que vous stockez, faites-le d'abord pour réduire votre charge cognitive plutôt que pour la nature. L'impact est marginal en matière de gains environnementaux. En revanche, après un grand ménage de printemps, vous aurez nettement plus de facilité à naviguer dans vos données. Commencez par supprimer les vidéos et enchaînez avec les photos. Vous pourrez ensuite vous intéresser au reste, et notamment aux versions d'installation des logiciels que vous n'utilisez plus, comme les jeux vidéo. Au quotidien, vous pouvez prendre l'habitude de ne pas attacher de documents lourds à vos courriels. Remplacez la pièce jointe par un lien vers un site de téléchargement tel que grosfichiers.com, swisstransfer.com ou framadrop.org. Et pour votre tranquillité d'esprit, vous pouvez aussi vous désabonner des lettres d'information que vous ne lisez plus.

Éliminez le superflu et gardez uniquement les applications essentielles, celles qui allègent effectivement votre quotidien et vous font gagner du temps. Comme cela dépend beaucoup de chaque situation, il m'est difficile d'en faire la liste.

ANTI-*GREENWASHING* : LES GESTES À OUBLIER

– **Supprimer ses courriels** : mieux vaut ne pas en envoyer et remplacer les pièces jointes par un lien vers un site de partage/téléchargement.
– **Utiliser un moteur de recherche "écolo"** : il n'existe pas de moteur de recherche "écolo". Ceux qui sont présentés comme tels (Lilo, Ecosia, etc.) ajoutent des impacts. En effet, il ne s'agit pas de "moteurs" mais de l'habillage des résultats de Google, Yahoo ou Bing, selon les cas.
Pour habiller ces résultats, ces start-up ajoutent leurs serveurs devant ceux des moteurs de recherche, sans parler de leurs bureaux, des trajets de leurs employés, etc. Les programmes de compensation carbone mis en place ne compensent pas du tout les impacts ajoutés par ces entreprises à but lucratif. Mieux vaut utiliser une solution légère et qui préserve votre vie privée comme DuckDuckGo, duckduckgo.com.
– **Mettre en favoris** : c'est un bon réflexe mais l'effet est vraiment minime en matière de réduction d'empreinte environnementale. Il y a probablement d'autres gestes à mettre en œuvre en priorité.
– **Changer de navigateur** : c'est absolument inutile pour réduire les impacts environnementaux associés à ses usages numériques quotidiens. Cela n'a pas, ou alors vraiment très peu, d'effet. Si peu que c'est difficile voire impossible à mesurer.
– **Vider le cache du navigateur** : il ne faut surtout pas vider le cache du navigateur puisqu'il permet d'éviter de télécharger à nouveau un fichier que vous auriez déjà téléchargé !
– **Changer la résolution de la vidéo** : c'est utile si vous souhaitez contribuer à ne pas saturer le réseau. En revanche, cela ne réduira pas votre empreinte environnementale. En effet, le taux de remplissage des "tuyaux internet" n'affecte que très peu la quantité d'impacts environnementaux associés.

Reste enfin les troubles obsessionnels compulsifs (TOC) numériques, que nous sommes malheureusement de plus en plus nombreux à développer, tels que le fait de relever ses courriels jusqu'à 150 fois par jour ou de consulter son smartphone jusqu'à 20 fois par heure et même la nuit ! Pour lutter contre ces symptômes proches de l'addiction, le plus efficace est de se donner des moments pendant lesquels on s'autorise à consulter ses messages et à utiliser les outils numériques, et des moments plus longs durant lesquels on se l'interdit. Si nécessaire, les applications de contrôle parental peuvent vous aider à contraindre vos enfants ou à respecter vos propres règles. Cette démarche est absolument essentielle pour retrouver une sérénité que nombre d'entre nous ont perdue.

TENIR BON

Le temps est un atout lorsqu'on souhaite se désintoxiquer du numérique. Jouons avec lui pour libérer notre esprit de son emprise. En ayant pris pleinement conscience des enjeux et des impacts, vous pouvez adopter une forme d'hygiène numérique qui vous aidera à reprendre le contrôle sur le long terme. Comme pour l'alcool, la cigarette ou n'importe quelle autre drogue, pour tenir sur la durée, vous devrez aussi changer certaines habitudes et sensibiliser votre entourage. Le temps joue en revanche contre nos appareils, qui vieillissent mal, surtout si on ne les entretient pas. Pour tenir sur la durée, il faut donc réapprendre à en prendre soin.

Apprendre à se déconnecter est essentiel pour réduire progressivement ses usages numériques aux besoins essentiels. C'est la seule façon de se désintoxiquer physiologiquement, et donc durablement.

Le numérique en tant que tel n'est pas addictif. Ce sont les interactions qu'il permet qui le sont. Le design des interfaces des services numériques les plus prisés – réseaux sociaux, messagerie électronique, etc. – est étudié pour maximiser notre exposition à ces interactions et pour les mettre en avant. Plus nous sommes exposés au quotidien à ces signaux, plus notre corps libère de dopamine. Au point qu'il devient difficile pour la plupart d'entre nous de nous passer de notre smartphone.

Pour tenir bon, nous devons donc réaménager notre temps pour moins nous exposer. On peut par exemple définir deux à quatre plages horaires quotidiennes pendant lesquelles on s'autorise à traiter ses messages vocaux, courriels, textos et autres notifications de réseaux sociaux. Comme le numérique est incontournable au bureau, il nous reste le soir et le week-end pour déconnecter. Ces temps longs (de plusieurs heures à plusieurs jours) permettent de faire baisser la quantité de dopamine et limitent la dépendance psychologique à ces outils.

Évidemment, plus on se désinscrit des réseaux sociaux, des lettres d'information et de l'ensemble des alertes et notifications, plus on retrouve une forme de sérénité. C'est une des vertus intrinsèques de la sobriété numérique.

LES BONNES PRATIQUES À ADOPTER ABSOLUMENT

– Aménagez des plages sans numérique (soir, week-end) et/ou sans connexion (dans la journée de travail) et tenez-vous-y.
– Informez votre entourage et expliquez-lui votre démarche pour être soutenu.
– Désinstallez tous les logiciels et applications superflus.
– Arrêtez toutes les notifications et alertes et désinscrivez-vous des lettres d'information et listes de diffusion.
– Acceptez de ne pas répondre à tous les textos, courriels et autres sollicitations.

Mais comme les interactions sociales constituent le cœur des usages addictifs du numérique (réseaux sociaux, courriels, etc.), il est difficile de progresser seul. Si vous en avez la possibilité, il est préférable d'attaquer cette cure à plusieurs, en commençant par vos amis les plus motivés. *A minima*, expliquez-leur votre démarche pour qu'ils vous aident en respectant vos périodes de déconnexion.

Pour que votre matériel tienne bon lui aussi, il va falloir sortir du numérique "jetable". Un smartphone, c'est du jetable. En tout cas, c'est ce que semblent indiquer sa durée de vie moyenne en France (24 mois) ainsi que les publicités des opérateurs téléphoniques qui vous proposent des mobiles à "1 euro" contre un réengagement de 24 mois. Dans votre quête d'une plus grande sobriété dans vos usages numériques, il vous faudra donc prendre du recul par rapport à toutes ces offres alléchantes, mais aussi prendre soin de vos outils.

2 617 interactions par jour, en moyenne, avec son smartphone (et jusqu'à plus de 5 000 pour les plus accros d'entre nous !). Il est peut-être temps de faire une pause ?

Comme pour l'alcool, il faut consommer le numérique avec modération.

L'ordinateur le moins polluant étant celui qu'on ne fabrique pas, mieux vaut bichonner vos outils, *comme s'ils étaient les derniers à avoir été fabriqués sur Terre*. Cette posture mentale aide grandement à en prendre soin. Il faut aussi prendre conscience de la prouesse technique : vous tenez dans la paume de votre main plus de puissance de calcul que toute la Nasa il y a trente ans. Forcément, cela a un coût pour l'environnement.

En étant plus soigneux et en entretenant vos équipements, vous pourrez aisément doubler, voire tripler leur durée de vie habituelle. Un smartphone bien entretenu fonctionne sans problème 6 ans alors que la durée de vie moyenne n'est que de 2. Pour un ordinateur, on peut facilement l'utiliser entre 8 et 10 ans, moyennant la mise à jour du système d'exploitation, la plupart du temps.

DÉCONNECTER EN UN CLIC

Les smartphones et les ordinateurs récents possèdent tous un bouton, une touche ou une icône qui permet de déconnecter l'appareil en un clic. Pour réduire votre charge cognitive et éviter de saturer le réseau, pensez à utiliser cette fonctionnalité pour vous déconnecter. Cela ne vous empêchera pas de travailler avec votre smartphone ou votre ordinateur. Au contraire : vous n'en serez que plus concentré.

Au-delà de l'entretien physique de l'appareil – nettoyage, dépoussiérage, etc. –, il faut commencer par n'installer que les mises à jour réellement utiles, c'est-à-dire celles qui corrigent un dysfonctionnement *(bug)* ou bouchent une faille de sécurité (*patch* et *critical*

En seulement 10 minutes sur les réseaux sociaux, le taux d'ocytocine dans le sang peut augmenter de plus de 13 % (l'équivalent du pic que certains ressentent le jour de leur mariage).

update). En évitant d'installer de nouvelles fonctionnalités inutiles, vous éviterez d'encrasser l'appareil et repousserez ainsi le moment où il commencera à ralentir. Si ce ralentissement arrive néanmoins, les plus geeks d'entre nous peuvent utiliser des outils spécialisés tels que CCleaner ou Glary Utilities pour faire le ménage et défragmenter le disque dur (à proscrire sur un SSD). En désinstallant les programmes devenus inutiles, on récupère aussi de la place et on libère souvent un peu de mémoire vive.

Finalement, ces phases de déconnexion et cet entretien régulier de vos appareils réduiront votre charge cognitive et allongeront la durée de vie de vos équipements.

LA GESTION DES MISES À JOUR

En tenant bien compte des mises à jour sur votre smartphone, votre ordinateur, ou votre télévision connectée, vous pouvez allonger sa durée de vie. La clé est de n'installer, si possible, que les mises à jour correctives. Comme elles servent à corriger des dysfonctionnements *(bugs)* ou à boucher des failles de sécurité, ces mises à jour sont indispensables. En revanche, les mises à jour évolutives installent uniquement de nouvelles fonctionnalités. Évitez de les installer. Dans le doute, mieux vaut installer une mise à jour plutôt que de s'exposer à des problèmes de sécurité.

ET APRÈS

Ta quête de sobriété numérique ne fait que commencer, petit *jedi* ! Selon la puissance de la force qui est en toi, tu peux aussi contribuer à construire un avenir numérique différent. Notre avenir dépend en effet de notre capacité d'utiliser avec parcimonie ce qui reste de numérique. Il va donc falloir être ouverts et ingénieux, accepter de marier low- et high-tech et donc dépasser la pensée binaire qui caractérise actuellement ce sujet, avec d'un côté des "décroissants technophobes" et de l'autre des "geeks technophiles". Tout un programme ! Et nous avons besoin de toi pour l'expliquer au plus grand nombre.

Comme vous l'avez probablement perçu en filigrane tout au long des étapes de ce parcours initiatique, la démarche de sobriété numérique dépasse nos intérêts individuels. Il s'agit surtout de proposer une solution pour éviter le futur numérique qui nous attend et qui risque de nous envoyer encore plus vite dans le mur. Franchement, vous avez vraiment envie de cette *smart city* ultraconnectée pleine d'écrans et de véhicules autonomes bourrés d'intelligence artificielle ? C'est l'avenir que les industriels dessinent pour vos enfants ; un mirage au vu de l'état des stocks de ressources...

Ohé ! Il est temps de se réveiller et de dessiner un avenir qui nous fasse vraiment rêver. Un avenir dans lequel nous serions heureux de voir nos enfants utiliser des outils numériques. Un avenir dans lequel le numérique serait une ressource au service de l'humanité et de notre résilience et non le joug actuel. Un avenir où notre relation au numérique serait également plus apaisée, parce que libérée des manipulations inconscientes avec lesquelles les Gafam nous tiennent en laisse.

Pour construire la sobriété numérique au-delà des gestes quotidiens, il faut décliver notre pensée et être prêt à associer low- et high-tech. À faire dialoguer la décroissance et la *startup nation*. Une voie médiane se dessine en effet entre les geeks technobabas et les décroissants technophobes : l'association ingénieuse de la low- et de la high-tech peut permettre à l'humanité d'économiser cette ressource critique et de l'utiliser sans intoxiquer ses enfants. C'est ce que nous appelons la *slow tech*.

Deux retours d'expérience décrivent bien cette démarche. La Nasa, en 1969, a envoyé des êtres humains sur la Lune en associant ingénieusement low- et high-tech. La low-tech était constituée de brillantes mathématiciennes qui calculaient les trajectoires de la mission Apollo avec de simples règles à calcul en plastique. Avec ses 4 Ko de mémoire vive, l'Apollo Guidance Computer constituait la partie high-tech de la solution. Sans cette capacité de faire avec tous les moyens à sa disposition, la Nasa n'aurait jamais conquis la Lune. Plus récemment, Google a présenté une intelligence artificielle qui détecte mieux certains cancers que des oncologues. À peu près au même moment, des chercheurs de l'Institut Curie ont présenté le projet K-Dog : deux chiens dressés pour détecter certains cancers grâce à leur odorat. Faut-il opposer les oncologues, les chiens du projet K-Dog et l'IA de Google ? Certainement pas. Il est bien plus ingénieux de concevoir un protocole de dépistage plus efficace et moins coûteux en rassemblant ces trois approches.

La technologie n'est pas l'avenir de l'homme. C'est seulement un des nombreux outils à son service. Notre résilience dépend avant tout de notre ingéniosité et de notre capacité de dépasser des clivages bien ancrés. À l'image de ces deux exemples, le numérique de demain sera forcément hybride si nous souhaitons préserver cette ressource.

L'idée de la *slow tech*, c'est d'utiliser le numérique uniquement lorsque c'est nécessaire et en complément d'autres solutions. Avec toujours en tête une dimension humaine tournée vers la bienveillance, l'éthique, l'inclusion, le respect de la vie privée.

Selon votre profil, vous pouvez vous arrêter à votre démarche personnelle, ou profiter de cette dynamique pour contribuer à changer le monde ! En France, des associations très investies sur ces sujets comme Halte à l'obsolescence programmée (HOP), les Amis de la Terre, GreenIT.fr, etc. y travaillent depuis des années. Pour faire bouger les choses, elles ont besoin de votre soutien sur le terrain.

Si vous êtes un professionnel du numérique, vous pouvez éco-concevoir les services numériques de demain. Des communautés et des associations comme GreenIT.fr et les Designers éthiques, notamment, élaborent des méthodes et des référentiels de bonnes

pratiques pour faire évoluer en profondeur la façon dont sont conçus les contenus et services numériques. En les rejoignant, vous pouvez contribuer à définir le cadre d'un numérique plus respectueux des êtres humains et de la planète pour des millions d'utilisateurs quotidiens.

Enfin, si vous avez l'âme d'un(e) militant(e), vous pouvez vous engager activement avec ces acteurs pour faire évoluer le cadre légal en faveur d'un numérique plus sobre et plus responsable. Nous avons déjà obtenu de belles victoires comme la durée de garantie légale à deux ans effectifs (au lieu de six mois), la dissociation des mises à jour correctives et évolutives, l'affichage de la disponibilité des pièces détachées, et de nombreux autres progrès dont nous bénéficions désormais tous au quotidien. Il reste cependant de nombreux combats à mener pour obtenir une directive européenne sur le réemploi, la consigne obligatoire des équipements fonctionnels, l'obligation d'écoconception des services en ligne de l'État destinés au public, l'intégration de ce sujet dans les programmes scolaires pour éviter que les *digital natives* soient aussi les plus gros pollueurs numériques de l'Histoire, etc. La liste est longue et nous avons besoin de vous pour finir de l'écrire et la concrétiser.

Pratiquée à l'échelle individuelle, la sobriété numérique est efficace pour se désintoxiquer et réduire son empreinte environnementale. Mais, au rythme auquel les ressources abiotiques s'épuisent et auquel la dépendance au numérique se propage au niveau mondial, il est urgent de passer à la vitesse supérieure et d'inciter les pouvoirs publics à agir. Vous pouvez être acteur de ce changement en soutenant et en rejoignant des collectifs et des ONG tels que GreenIT.fr, Halte à l'obsolescence programmée (HOP), les Amis de la Terre, Attention hyperconnexion, Lève les yeux, etc.

PLAIDOYER DE GREEN IT

Nous avons besoin de votre soutien pour faire passer rapidement des mesures fortes en faveur de la sobriété numérique, à l'échelle tant française qu'européenne, telles que :
– la massification du réemploi *via* une consigne obligatoire des équipements neufs ;
– l'augmentation de la durée de garantie légale ;
– le droit à la réparation ;
– un système de bonus/malus en fonction de la taille des écrans ;
– l'écoconception obligatoire des services numériques en commençant par les sites web de l'État et des multinationales ;
– la formation des professeurs et l'enseignement de la sobriété numérique à chaque étape des parcours scolaires ;
– la suppression des écrans à l'école avant le collège ;
– une vaste campagne publique de sensibilisation aux dangers du numérique, tant environnementaux (pollutions, épuisement des ressources...) que sanitaires (isolement, addiction...) ;
– etc.

POUR EN SAVOIR PLUS

S'INFORMER

Des livres

Philippe Bihouix, *L'Âge des low tech. Vers une civilisation techniquement soutenable*, Le Seuil, 2014.
– et Karine Mauvilly, *Le Désastre de l'école numérique. Plaidoyer pour une école sans écrans*, Le Seuil, 2016.
Frédéric Bordage, *Sobriété numérique. Les clés pour agir*, Buchet-Chastel, septembre 2019, http://bit.ly/SobNum2020.
Sophie Flak, *Restez zen, vos enfants sont connectés*, Payot, 2020.
Fabrice Flipo *et al.*, *La Face cachée du numérique*, L'Échappée, 2013, uniquement en PDF : www.transitions2.net/file/download/13274/la-face-cachee-du-numerique.
Groupe ÉcoInfo, *Les Impacts écologiques des technologies de l'information et de la communication*, EDP Sciences, 2012.
Guillaume Pitron, *La Guerre des métaux rares. La face cachée de la transition énergétique et numérique*, Les liens qui libèrent, 2018.

Études sur les impacts environnementaux du numérique, en France et dans le monde

Frédéric Bordage *et al.*, "iNum : impacts environnementaux du numérique en France", GreenIT.fr, mai 2020, https://bit.ly/iNum2020.
Comme son nom l'indique, cette étude porte sur les impacts environnementaux du numérique en France. Elle propose aussi des pistes d'actions pour les pouvoirs publics. Elle vous permettra de comprendre en détail où se situent les impacts associés à votre empreinte numérique.

Frédéric Bordage *et al.*, "Empreinte environnementale du numérique mondial", GreenIT.fr, octobre 2019, http://bit.ly/EENM2019.
Cette étude vous permettra de mieux cerner les spécificités de la France par rapport au reste du monde. En comparant ses résultats avec l'étude iNUM, vous prendrez conscience du poids de la phase de fabrication de nos appareils, exacerbé par rapport au reste du monde.

Ressources et déchets électroniques
Global E-waste Statistics Partnership (GESP), "The Global E-Waste Monitor 2020", juin 2020, https://globalewaste.org/news/surge-global-waste.
Amnesty International, Is my phone powered by child labour?, 2016, www.amnesty.org/en/latest/campaigns/2016/06/drc-cobalt-child-labour.

Statistiques d'utilisation
Enquête Deloitte, "Les Français et le smartphone : une relation fusionnelle", 2016, www2.deloitte.com/fr/fr/pages/technology-media-and-telecommunications/articles/usages-mobiles-2016.html.
Mission interministérielle de lutte contre les drogues et les conduites addictives, "L'exposition aux écrans", août 2018, www.drogues.gouv.fr/comprendre/ce-qu-il-faut-savoir-sur/lexposition-aux-ecrans.
Institut d'éducation médicale et de prévention (IEMP), "Campagne d'information : le bon usage des écrans", 2020, https://lebonusagedesecrans.fr/essentiel-a-savoir/les-ecrans-en-france.
Michael Winnick et Robert Zolna, "Putting a finger on our phone obsession. Mobile touches: a study on how humans use technology", Dscout, 16 juin 2016, https://blog.dscout.com/mobile-touches.

Conditions de travail

IPEN, "Weak controls: European e-waste poison's Africa's food chain", 2019, https://ipen.org/sites/default/files/documents/final_ghana-egg-report-v1_6-web_copy.pdf.
Korea Occupational Safety and Health Agency (Kosha), www.kosha.or.kr/english.

S'ÉQUIPER

Les bons réflexes et pratiques à adopter

Produits durables, produitsdurables.fr : édité par l'association Halte à l'obsolescence programmée (HOP).
CommentReparer.com, www.commentreparer.com : ce site donne des conseils pour acheter un produit durable. Il classe les marques et les produits par niveaux de fiabilité.
iFixIt, fr.ifixit.com : ce site attribue une note de réparabilité à de nombreux appareils. Il propose également des manuels de réparation et des kits composants des outils et/ou des composants en fonction de l'opération à réaliser.
Liste des gestes clés pour réduire son empreinte digitale à la maison, proposée par Green IT : www.greenit.fr/2018/09/18/reduire-empreinte-numerique-a-maison.
Réduire ses données stockées en utilisant des sites de téléchargement de pièces jointes volumineuses : grosfichiers.com ; framadrop.org ; swisstransfer.com.
Moteurs de recherche légers et sécurisés :
Qwant Lite, lite.qwant.com ; DuckDuckGo, duckduckgo.com.

Donner une seconde vie à un appareil en fin de vie

Le Réseau national des ressourceries : https://ressourceries.info.
La fédération RCube : https://rcube.org.
Liste des points de collecte : collectons.org.

Trouver un produit reconditionné

Reconditionneurs : tradediscount.com, microkdo.com, la-bootique.com.
Places de marché : backmarket.fr.

CARNET D'ADRESSES POUR S'ENGAGER ET SE FORMER

Associations actives sur le sujet des impacts environnementaux du numérique

Amis de la Terre, amisdelaterre.org : cette association milite pour un usage raisonné des ressources naturelles non renouvelables, notamment celles qui sont utilisées pour la fabrication de nos équipements électroniques. Elle adresse également les externalités négatives du numérique, comme certaines pratiques dans le domaine du commerce électronique.

GreenIT.fr, www.greenit.fr : créé en 2004, ce collectif regroupe les experts à l'origine des démarches de sobriété numérique et numérique responsable. Ces experts proposent des solutions concrètes pour économiser le numérique, notamment une approche d'écoconception en facteur 4. Ils militent aussi auprès des pouvoirs publics pour faire de la sobriété numérique une réalité inscrite dans notre quotidien.

Pour rejoindre les listes de discussion animées par Green IT : www.greenit.fr/echanger.

Halte à l'obsolescence programmée (HOP), halteobsolescence.org : cette association propose des solutions pour contrer le modèle du jetable. Elle est très active dans le domaine du numérique et propose des solutions comme le site produitsdurables.fr. Elle milite en faveur d'une durée de garantie plus longue, du droit à la réparation et à la possibilité de gérer les mises à jour informatiques, de nos smartphones notamment.

Associations actives sur le sujet des impacts sanitaires du numérique

Attention hyperconnexion, attentionhyperconnexion.org : collectif dont l'objectif est d'alerter sur les effets délétères de l'économie de l'attention et de promouvoir des pratiques numériques responsables et respectueuses de l'attention des individus. Cette association est constituée de citoyens et de professionnels issus des secteurs du numérique, des neurosciences, de l'aide à l'enfance, de la psychologie, du droit, de la formation, du conseil et de personnalités publiques engagées dans l'innovation responsable. L'association travaille plus

particulièrement sur les impacts de l'hyperconnexion dans les domaines de la santé, des risques d'addiction, de l'environnement, du travail, de l'éducation et de la famille. Elle vise à fédérer tous les acteurs autour de ces enjeux avec le souhait d'engager une réflexion, des débats et une représentation auprès des pouvoirs publics.
Designers éthiques, designersethiques.org : surtout destiné aux professionnels du numérique, ce collectif traite des dérives liées à la conception des systèmes numériques telles que l'exploitation de biais cognitifs, la captation des données, les modèles économiques reposant sur la captation de l'attention, etc. Il propose une méthode pour concevoir des interfaces plus éthiques.
Lève les yeux, levelesyeux.com : ce collectif lutte contre la dépendance aux écrans, et en particulier aux smartphones, par la reconquête de l'attention et la promotion de la déconnexion.

Ateliers et formations

Green IT, greenit.fr/formations : le collectif à l'origine du concept de sobriété numérique propose des formations et des ateliers consacrés à la sobriété numérique. Formations et ateliers sont adaptés en fonction du contexte et du public : entreprises, grand public, etc.
La Fresque du numérique, fresquedunumerique.org : dérivé de la Fresque du climat, cet atelier permet de comprendre en équipe et de manière ludique les enjeux environnementaux du numérique.

MERCI À

Stéphane Bordage et à Jean, de la librairie Labyrinthes à Rambouillet, sans qui ce livre n'existerait pas.

Merci à Françoise Vernet d'avoir cru en ce projet et de m'avoir permis d'utiliser quelques minutes le mégaphone d'un éditeur aussi réputé qu'Actes Sud pour sortir la démarche de sobriété numérique de l'anonymat et la mettre enfin sur le devant de la scène.

Si elle peut sembler simple et évidente en 2021, cette démarche de sobriété numérique était tout sauf une évidence lorsque nous avons lancé le collectif GreenIT.fr en 2004. Depuis dix-sept ans, des centaines de bénévoles s'y sont investis pour faire avancer cette réflexion et l'opérationnaliser en construisant une boîte à outils complète. Si vous pouvez "passer à l'acte" aujourd'hui à l'aide de ce mode d'emploi "clés en mains", c'est grâce aux expert et bénévoles de GreenIT.fr. Merci à Stéphane, Jérémy, Marc, Perrine, Frédéric, Léo, Thomas, Luc, Gauthier, Caroline, José, Élisabeth, Pierre, Julie, Romuald, Émile, Laetitia, Florence, Adèle, Alma, Jérôme, Alain, Étienne, Lorraine, Nathalie, Sylvie, Gaëlle, Raphaël, Isabelle, Denis, Aurélie, Nicolas, Marine, Sophie, Nicole, Jean-Noël, Guillaume, Marie, Laurent, David, Aurélien, Benjamin, Bastien, Paula, Brigitte, Christiane, Christopher, Claire, Corinne, Denis, Farid, Franck, Gwenaël, Alexis, Françoise, Émilie, Hélène, Hugo, Jean-Philippe, Lionel, Ludovic, Thierry, Valérie, Xavier, Yann, Florent, Samuel, Renaud, Aurélien, Édouard, Coline, Augustin, Mathieu, Véronique, Marylou, Tristan, Cyril, Muriel, Vita, Dimitri, Cécile, Alexandra, Liliane et Liliana, Fanny, Bernard, Sandrine, Philippe, Elsa, Antoine, Laurent, Margo... Ce livre est aussi le vôtre, mes compagnons de cordée numérique. Ou plus exactement, c'est le nôtre.

Marie Morelle m'a fait l'honneur de mettre en image un sujet pas toujours très drôle ou facile à illustrer. Je ne saurais trop te remercier, Marie, pour ton travail et le plaisir que j'ai eu à construire ce livre avec toi.

Un livre est toujours un projet d'équipe. Je tiens donc à remercier toute l'équipe d'Actes Sud – Émeline, Stéphane et Nesma – pour leurs conseils avisés et leur aide précieuse.

Je te dédie ce livre, ma fille. J'espère qu'il contribuera à te construire un avenir plus… lumineux. En tout cas, c'est mon petit château de sable sur la vaste plage de ton avenir.

LES DERNIÈRES PARUTIONS DANS LA COLLECTION "JE PASSE À L'ACTE"

BRASSER SA BIÈRE
Charlotte et Alexis Champoiseau, Claire Sejournet, illustrations d'Emmanuelle Teyras, 2021

CHANGER L'ÉCOLE DE L'INTÉRIEUR
Philippe Viard, illustrations d'Ivan Loncle, 2021

DEVENIR CONSOM'ACTEUR : LE GLUTEN
Violette Queuniet, illustrations de Le Cil Vert, 2021

MONTESSORI À LA MAISON - 12-15 ANS
Nathalie Petit, illustrations de Pauline Amelin, 2021

PLANTER UN ARBRE
Ernst Zürcher, illustrations de Caroline Attia, 2021

PROCRASTINER POUR MIEUX CRÉER
Fleur Daugey, illustrations de Marie de Monti, 2021

Ouvrage réalisé par l'atelier graphique Actes Sud.
Achevé d'imprimer en août 2021 par Printer Portuguesa (Portugal),
sur papier fabriqué à partir de fibres issues d'une sylviculture responsable,
pour le compte des éditions Actes Sud, Le Méjan, place Nina-Berberova, 13200 Arles.

Dépôt légal 1re édition : octobre 2021